Family Group Research Records

A Family Research Workbook

Written By Catherine Coulter

Family Group Research Records: A Family Research Workbook

ISBN-13: 978-1482650174

ISBN-10: 1482650177

Other Books Written By Catherine Coulter

My Family Tree Research Records

Family Group Research Records

Census Research Records

Cemetery and Funeral Home Research Records

Court House Research Records

Web Log and Web Accounts

Books Written by Catherine Coulter under the name of Cathy Coulter

The Man in Red

A Children's Book of Poems Goodnight and Hello

Using a family group record will help you organize your information and prepare it to be entered into a computer program, book, or chart. It will also show you what information is missing and what you have. The Family Group Research Records is a great research tool to take with you on research trips to the library, historical societies, and anywhere your research takes you.

The best place to start your family tree is with yourself and work backward, because you know the most information about yourself. Each generation as you go backward will give you clues on where to look for information on the next generation. It is very much like a puzzle with the pieces scattered on the floor. You never know for sure which piece you will find next and how it will lead to the next puzzle piece being found. But in the end you will have a nice picture of your family tree.

You will find in the Family Group Research Records that there is plenty of room for you to write in your information without it being cramped or hard to read. It includes the usual information such as name of ancestor, dates, and notes for the following information: birth, death, buried, parents, marriages, spouses, and up to 20 children with their birth and death dates and places they were born. The Family Group Research Records also includes a place for each year of the census from 1790 to 1940. The census section has a place for the state, county, township, and notes for each year. There is a space or notes as well at the end of the group record. It also has spaces for religion, occupation, military, and residences. You can fill in the blank space I left for other facts you may find.

Talking to relatives can be a big source of information and family stories which are always interesting and full of information that could help you in your research. But please keep in mind that stories over time have the tendency to unintentionally change a little. It's best to verify facts with documents and such if you can. For example, a story in our family said that two boys were twins and born in America. I was looking for twin boys in America and I could not find them. I had though been able to verify the rest of the story. It was not until I found the ship list that had our family on it I discovered the boys were not twins but born one year apart in Wales. If I had insisted they were twins because of the story I never would have found them.

Keep in mind also that at some point you will hit a brick wall. A point when you just cannot find information on an ancestor or the ancestor themselves. It is ok, everyone has those times and do not let yourself give up and end it there. I find for me that if I leave the family I have hit the brick wall with and work on another branch for a while, that when I go back to the first one I have fresh eyes and a different approach to the problem. I then more often find things that I would never have the first time. I like to think of the old saying that goes something like try, try and try again.

Also note that not every ancestor will use his or her first name but their middle one on some documents and information you will find for them. I have a branch of my family that I found the hard way that for several generations the men used their middle names in census records and other documents, and then used their first name on other documents still. So when searching keep in mind any middle names you may find for your ancestors could be important.

List of Records and Documents to Research

For The Family Of _____

- ☐ Baptism
- ☐ Birth Records
- ☐ Books
- ☐ Cemetery
- ☐ Census Records
- ☐ Children
- ☐ Church Records
- ☐ City Directories
- ☐ Death
- ☐ Divorce Records
- ☐ Family Stories
- ☐ Historical Landmarks
- ☐ Historical Societies
- ☐ Immigration
- ☐ Jobs
- ☐ Land Deeds
- ☐ Land Grants
- ☐ Libraries
- ☐ Marriage Records
- ☐ Military Records
- ☐ Mortality Schedules
- ☐ National Archives
- ☐ National Battle Fields
- ☐ National Parks
- ☐ Naturalization
- ☐ Newspapers
- ☐ Obituaries
- ☐ Photos
- ☐ Probate
- ☐ Tax Lists
- ☐ Voting Lists
- ☐ Web Sites

- ☐ Immigration
- ☐ Ship Lists / Records
- ☐ Port of Departure
- ☐ Port of Entry
- ☐ Castle Garden Years of 1855 to 1890
- ☐ Ellis Island Years of 1892 to 1954
- ☐ Other Immigrant Landing Ports
- ☐ Canada Boarder
- ☐ Mexico Boarder
- ☐ Wars
- ☐ Adoption
- ☐ Migration
- ☐ Funeral
- ☐ Education
- ☐ _____
- ☐ _____
- ☐ _____
- ☐ _____
- ☐ _____
- ☐ _____
- ☐ _____
- ☐ _____
- ☐ _____
- ☐ _____
- ☐ _____
- ☐ _____
- ☐ _____
- ☐ _____
- ☐ _____
- ☐ _____
- ☐ _____

Cover Research Check List for (Name)_____

- ☐ Birth:
  - o Family Mentioned Info
  - o Certificate
  - o Church Record
  - o Newspaper
  - o County Court Records
  - o Historical Society
  - o Cemetery Record
  - o Census Record
  - o Adoption
- ☐ Baptism
  - o Family Mentioned Info
  - o Certificate
  - o Church Record
  - o Newspaper
  - o County Court Records
  - o Historical Society
  - o Cemetery Record
- ☐ Marriage#_____
  - o Family Mentioned Info
  - o Certificate
  - o Church Record
  - o Newspaper
  - o County Court Records
  - o Historical Society
  - o Cemetery Record
  - o Census Record
  - o Children
- ☐ Divorce#_____
  - o Family Info
  - o Certificate
  - o Newspaper
  - o County Court Records
  - o Historical Society
  - o Census Record

- ☐ Military
  - o War
  - o Family Info
  - o Newspaper
  - o Historical Society
  - o Nation Archives
  - o Draft Registration
  - o Pension Record
- ☐ Census Records
  - o 1790   o 1880
  - o 1800   o 1890
  - o 1810   o 1900
  - o 1820   o 1910
  - o 1830   o 1920
  - o 1840   o 1930
  - o 1850   o 1940
  - o 1860   o 1950
  - o 1870   o 1960
- ☐ Death Record
  - o Family Mentioned
  - o Mortality Schedules
  - o Court Records
  - o Obituaries
  - o Funeral Home Records
  - o Cemetery Records
  - o Court Records
  - o Wills
  - o Probate Records
- ☐ Immigration
  - o Ship Lists/ Records
  - o Port of Departure
  - o Port of Entry
  - o Newspapers
  - o Castle Garden Records
  - o Ellis Island Records
  - o Records of Other Immigrant Landing Ports

- o Border Crossing
- ☐ Naturalization
  - o Court Records
  - o Certificate of Citizenship
  - o Census Records
- ☐ Cemetery
- ☐ Church
- ☐ City Directories
- ☐ Education
- ☐ Family Stories About Ancestor
- ☐ Funeral Home

- ☐ Land Grants / Deeds
- ☐ Migration
- ☐ Newspapers
- ☐ Obituary
- ☐ Occupation
- ☐ Photos
- ☐ Tax List
- ☐ Voter Lists
- ☐ Will / Probate

Notes:

Ancestor's Name_____

Event	Month	Day	Year	Notes	Note #
Born					
Died					
Buried					
Father B.					
D.					
Mother B.					
D.					
Married 1					
Spouse 1.B.					
D.					
Married 2					
Spouse 2 B.					
D.					
Religion					
Occupation					
Military					
Residence					
Residence					

Children:

	Name	Date of Birth	Place of Birth	Death
1.				
2.				
3.				
4.				
5.				
6.				
7.				
8.				
9.				

Children continued:

	Name	Date of Birth	Place of Birth	Death
10.				
12.				
13.				
14.				
15.				
16.				
18.				
19.				
20.				

U.S. Federal Census

	State	County	Township	Notes
1790				
1800				
1810				
1820				
1830				
1840				
1850				
1860				
1870				
1880				
1890				
1900				
1910				
1920				
1930				
1940				

Notes/Source (Remember to number the note /source and link it to the above so you can find it faster.)

Cover Research Check List for (Name)_____

- ☐ Birth
  - o Family Mentioned Info
  - o Certificate
  - o Church Record
  - o Newspaper
  - o County Court Records
  - o Historical Society
  - o Cemetery Record
  - o Census Record
  - o Adoption
- ☐ Baptism
  - o Family Mentioned Info
  - o Certificate
  - o Church Record
  - o Newspaper
  - o County Court Records
  - o Historical Society
  - o Cemetery Record
- ☐ Marriage#_____
  - o Family Mentioned Info
  - o Certificate
  - o Church Record
  - o Newspaper
  - o County Court Records
  - o Historical Society
  - o Cemetery Record
  - o Census Record
  - o Children
- ☐ Divorce#_____
  - o Family Info Certificate
  - o Newspaper
  - o County Court Records
  - o Historical Society
  - o Census Record

- ☐ Military
  - o War
  - o Family Info
  - o Newspaper
  - o Historical Society
  - o Nation Archives
  - o Draft Registration
  - o Pension Record
- ☐ Census Records
  - o 1790   o 1880
  - o 1800   o 1890
  - o 1810   o 1900
  - o 1820   o 1910
  - o 1830   o 1920
  - o 1840   o 1930
  - o 1850   o 1940
  - o 1860   o 1950
  - o 1870   o 1960
- ☐ Death Record
  - o Family Mentioned
  - o Mortality Schedules
  - o Court Records
  - o Obituaries
  - o Funeral Home records
  - o Cemetery Records
  - o Court Records
  - o Wills
  - o Probate Records
- ☐ Immigration
  - o Ship Lists
  - o Records
  - o Port of Departure
  - o Port of Entry
  - o Newspapers
  - o Castle Garden Records
  - o Ellis Island Records

- o Records of Other Immigrant Landing Ports
  - o Border Crossing
- ☐ Naturalization
  - o Court Records
  - o Certificate of Citizenship
  - o Census Records
- ☐ Cemetery
- ☐ Church
- ☐ City Directories
- ☐ Education
- ☐ Family Stories About Ancestor

- ☐ Funeral Home
- ☐ Land Grants / Deeds
- ☐ Migration
- ☐ Newspapers
- ☐ Obituary
- ☐ Occupation
- ☐ Photos
- ☐ Tax List
- ☐ Voter Lists
- ☐ Will / Probate

Notes:

Ancestor's Name_____

Event	Month	Day	Year	Notes	Note #
Born					
Died					
Buried					
Father B.					
D.					
Mother B.					
D.					
Married 1					
Spouse 1 B.					
D.					
Married 2					
Spouse 2 B.					
D.					
Religion					
Occupation					
Military					
Residence					
Residence					

Children:

	Name	Date of Birth	Place of Birth	Death
1.				
2.				
3.				
4.				
5.				
6.				
7.				
8.				
9.				

Children continued:

	Name	Date of Birth	Place of Birth	Death
10.				
12.				
13.				
14.				
15.				
16.				
18.				
19.				
20.				

U.S. Federal Census

	State	County	Township	Notes
1790				
1800				
1810				
1820				
1830				
1840				
1850				
1860				
1870				
1880				
1890				
1900				
1910				
1920				
1930				
1940				

Notes/Source (Remember to number the note /source and link it to the above so you can find it faster.)

Cover Research Check List for (Name)_____

- ☐ Birth:
  - o Family Mentioned Info
  - o Certificate
  - o Church Record
  - o Newspaper
  - o County Court Records
  - o Historical Society
  - o Cemetery Record
  - o Census Record
  - o Adoption
- ☐ Baptism
  - o Family Mentioned Info
  - o Certificate
  - o Church Record
  - o Newspaper
  - o County Court Records
  - o Historical Society
  - o Cemetery Record
- ☐ Marriage#____
  - o Family Mentioned Info
  - o Certificate
  - o Church Record
  - o Newspaper
  - o County Court Records
  - o Historical Society
  - o Cemetery Record
  - o Census Record
  - o Children
- ☐ Divorce#____
  - o Family Info Certificate
  - o Newspaper
  - o County Court Records
  - o Historical Society
  - o Census Record

- ☐ Military
  - o War
  - o Family Info
  - o Newspaper
  - o Historical Society
  - o Nation Archives
  - o Draft Registration
  - o Pension Record
- ☐ Census Records
  - o 1790   o 1880
  - o 1800   o 1890
  - o 1810   o 1900
  - o 1820   o 1910
  - o 1830   o 1920
  - o 1840   o 1930
  - o 1850   o 1940
  - o 1860   o 1950
  - o 1870   o 1960
- ☐ Death Record
  - o Family Mentioned
  - o Mortality Schedules
  - o Court Records
  - o Obituaries
  - o Funeral home records
  - o Cemetery records
  - o Court records
  - o Wills
  - o Probate records
- ☐ Immigration
  - o Ship Lists/ Records
  - o Port of Departure
  - o Port of Entry
  - o Newspapers
  - o Castle Garden Records
  - o Ellis Island Records

- o Records of Other Immigrant Landing Ports
  - o Border Crossing
- Naturalization
  - o Court Records
  - o Certificate of Citizenship
  - o Census Records
- Cemetery
- Church
- City Directories
- Education

- Family Stories About Ancestor
- Funeral Home
- Land Grants / Deeds
- Migration
- Newspapers
- Obituary
- Occupation
- Photos
- Tax List
- Voter Lists
- Will / Probate

Notes:

Ancestor's Name_____

Event	Month	Day	Year	Notes	Note #
Born					
Died					
Buried					
Father B.					
D.					
Mother B.					
D.					
Married 1					
Spouse 1 B.					
D.					
Married 2					
Spouse 2 B.					
D.					
Religion					
Occupation					
Military					
Residence					
Residence					

Children:

	Name	Date of Birth	Place of Birth	Death
1.				
2.				
3.				
4.				
5.				
6.				
7.				
8.				
9.				

Children continued:

	Name	Date of Birth	Place of Birth	Death
10.				
12.				
13.				
14.				
15.				
16.				
18.				
19.				
20.				

U.S. Federal Census

	State	County	Township	Notes
1790				
1800				
1810				
1820				
1830				
1840				
1850				
1860				
1870				
1880				
1890				
1900				
1910				
1920				
1930				
1940				

Notes/Source (Remember to number the note /source and link it to the above so you can find it faster.)

Cover Research Check List for (Name)_____

- ☐ Birth:
  - o Family Mentioned Info
  - o Certificate
  - o Church Record
  - o Newspaper
  - o County Court Records
  - o Historical Society
  - o Cemetery Record
  - o Census Record
  - o Adoption
- ☐ Baptism
  - o Family Mentioned Info
  - o Certificate
  - o Church Record
  - o Newspaper
  - o County Court Records
  - o Historical Society
  - o Cemetery Record
- ☐ Marriage#_____
  - o Family Mentioned Info
  - o Certificate
  - o Church Record
  - o Newspaper
  - o County Court Records
  - o Historical Society
  - o Cemetery Record
  - o Census Record
  - o Children
- ☐ Divorce#_____
  - o Family Info Certificate
  - o Newspaper
  - o County Court Records
  - o Historical Society
  - o Census Record

- ☐ Military
  - o War
  - o Family Info
  - o Newspaper
  - o Historical Society
  - o Nation Archives
  - o Draft Registration
  - o Pension Record
- ☐ Census Records
  - o 1790   o 1880
  - o 1800   o 1890
  - o 1810   o 1900
  - o 1820   o 1910
  - o 1830   o 1920
  - o 1840   o 1930
  - o 1850   o 1940
  - o 1860   o 1950
  - o 1870   o 1960
- ☐ Death Record
  - o Family Mentioned
  - o Mortality Schedules
  - o Obituaries
  - o Funeral Home Records
  - o Cemetery Records
  - o Court Records
  - o Wills
  - o Probate Records
- ☐ Immigration
  - o Ship Lists/ Records
  - o Port of Departure
  - o Port of Entry
  - o Newspapers
  - o Castle Garden Records
  - o Ellis Island Records

- o Records of Other Immigrant Landing Ports
  - o Border Crossing
- ☐ Naturalization
  - o Court Records
  - o Certificate of Citizenship
  - o Census Records
- ☐ Cemetery
- ☐ Church
- ☐ City Directories
- ☐ Education
- ☐ Family Stories

- ☐ Funeral Home
- ☐ Land Grants / Deeds
- ☐ Migration
- ☐ Newspapers
- ☐ Obituary
- ☐ Occupation
- ☐ Photos
- ☐ Tax List
- ☐ Voter Lists
- ☐ Will / Probate

Notes:

Ancestor's Name_____

Event	Month	Day	Year	Note	Note #
Born					
Died					
Buried					
Father B.					
D.					
Mother B.					
D.					
Married 1					
Spouse 1B.					
D.					
Married 2					
Spouse 2 B.					
D.					
Religion					
Occupation					
Military					
Residence					
Residence					

Children:

	Name	Date of Birth	Place of Birth	Death
1.				
2.				
3.				
4.				
5.				
6.				
7.				
8.				
9.				

Children continued:

	Name	Date of Birth	Place of Birth	Death
10.				
12.				
13.				
14.				
15.				
16.				
18.				
19.				
20.				

U.S. Federal Census

	State	County	Township	Notes
1790				
1800				
1810				
1820				
1830				
1840				
1850				
1860				
1870				
1880				
1890				
1900				
1910				
1920				
1930				
1940				

Notes/Source (Remember to number the note /source and link it to the above so you can find it faster.)

<u>Cover Research Check List for</u>(Name)_____

- ☐ Birth:
  - ○ Family Mentioned Info
  - ○ Certificate
  - ○ Church Record
  - ○ Newspaper
  - ○ County Court Records
  - ○ Historical Society
  - ○ Cemetery Record
  - ○ Census Record
  - ○ Adoption
- ☐ Baptism
  - ○ Family Mentioned Info
  - ○ Certificate
  - ○ Church Record
  - ○ Newspaper
  - ○ County Court Records
  - ○ Historical Society
  - ○ Cemetery Record
- ☐ Marriage#____
  - ○ Family Mentioned Info
  - ○ Certificate
  - ○ Church Record
  - ○ Newspaper
  - ○ County Court Records
  - ○ Historical Society
  - ○ Cemetery Record
  - ○ Census Record
  - ○ Children
- ☐ Divorce#____
  - ○ Family Info Certificate
  - ○ Newspaper
  - ○ County Court Records
  - ○ Historical Society
  - ○ Census Record

- ☐ Military
  - ○ War
  - ○ Family Info
  - ○ Newspaper
  - ○ Historical Society
  - ○ Nation Archives
  - ○ Draft Registration
  - ○ Pension Record
- ☐ Census Records
  - ○ 1790   ○ 1880
  - ○ 1800   ○ 1890
  - ○ 1810   ○ 1900
  - ○ 1820   ○ 1910
  - ○ 1830   ○ 1920
  - ○ 1840   ○ 1930
  - ○ 1850   ○ 1940
  - ○ 1860   ○ 1950
  - ○ 1870   ○ 1960
- ☐ Death Record
  - ○ Family Mentioned
  - ○ Mortality Schedules
  - ○ Obituaries
  - ○ Funeral Home Records
  - ○ Cemetery Records
  - ○ Court Records
  - ○ Wills
  - ○ Probate Records
- ☐ Immigration
  - ○ Ship Lists/ Records
  - ○ Port of Departure
  - ○ Port of Entry
  - ○ Newspapers
  - ○ Castle Garden Records
  - ○ Ellis Island Records
  - ○ Records of Other Immigrant Landing Ports

- o Border Crossing
- ☐ Naturalization
  - o Court Records
  - o Certificate of Citizenship
  - o Census Records
- ☐ Cemetery
- ☐ Church
- ☐ City Directories
- ☐ Education
- ☐ Family Stories
- ☐ Funeral Home

- ☐ Land Grants / Deeds
- ☐ Migration
- ☐ Newspapers
- ☐ Obituary
- ☐ Occupation
- ☐ Photos
- ☐ Tax List
- ☐ Voter Lists
- ☐ Will / Probate

Notes:

Ancestor's Name_____

Event	Month	Day	Year	Notes	Note #
Born					
Died					
Buried					
Father B.					
D.					
Mother B.					
D.					
Married 1					
Spouse 1 B.					
D.					
Married 2					
Spouse 2 B.					
D.					
Religion					
Occupation					
Military					
Residence					
Residence					

Children:

	Name	Date of Birth	Place of Birth	Death
1.				
2.				
3.				
4.				
5.				
6.				
7.				
8.				
9.				

Children continued:

	Name	Date of Birth	Place of Birth	Death
10.				
12.				
13.				
14.				
15.				
16.				
18.				
19.				
20.				

U.S. Federal Census

	State	County	Township	Notes
1790				
1800				
1810				
1820				
1830				
1840				
1850				
1860				
1870				
1880				
1890				
1900				
1910				
1920				
1930				
1940				

Notes/Source (Remember to number the note /source and link it to the above so you can find it faster.)

Cover Research Check List for (Name)_____

- ☐ Birth:
  - o Family Mentioned Info
  - o Certificate
  - o Church Record
  - o Newspaper
  - o County Court Records
  - o Historical Society
  - o Cemetery Record
  - o Census Record
  - o Adoption
- ☐ Baptism
  - o Family Mentioned Info
  - o Certificate
  - o Church Record
  - o Newspaper
  - o County Court Records
  - o Historical Society
  - o Cemetery Record
- ☐ Marriage#_____
  - o Family Mentioned Info
  - o Certificate
  - o Church Record
  - o Newspaper
  - o County Court Records
  - o Historical Society
  - o Cemetery Record
  - o Census Record
  - o Children
- ☐ Divorce#_____
  - o Family info Certificate
  - o Newspaper
  - o County Court Records
  - o Historical Society
  - o Census Record

- ☐ Military
  - o War
  - o Family Info
  - o Newspaper
  - o Historical Society
  - o Nation Archives
  - o Draft Registration
  - o Pension Record
- ☐ Census Records
  - o 1790   o 1880
  - o 1800   o 1890
  - o 1810   o 1900
  - o 1820   o 1910
  - o 1830   o 1920
  - o 1840   o 1930
  - o 1850   o 1940
  - o 1860   o 1950
  - o 1870   o 1960
- ☐ Death Record
  - o Family Mentioned
  - o Mortality Schedules
  - o Obituaries
  - o Funeral Home Records
  - o Cemetery Records
  - o Court Records
  - o Wills
  - o Probate Records
- ☐ Immigration
  - o Ship Lists/ Records
  - o Port of Departure
  - o Port of Entry
  - o Newspapers
  - o Castle Garden Records
  - o Ellis Island Records

- o Records of Other Immigrant Landing Ports
- o Border Crossing
- ☐ Naturalization
    - o Court Records
    - o Certificate of Citizenship
    - o Census Records
- ☐ Cemetery
- ☐ Church
- ☐ City Directories
- ☐ Education
- ☐ Family Stories

- ☐ Funeral Home
- ☐ Land Grants / Deeds
- ☐ Migration
- ☐ Newspapers
- ☐ Obituary
- ☐ Occupation
- ☐ Photos
- ☐ Tax List
- ☐ Voter Lists
- ☐ Will / Probate

Notes:

Ancestor's Name_____

Event	Month	Day	Year	Notes	Note #
Born					
Died					
Buried					
Father B.					
D.					
Mother B.					
D.					
Married 1					
Spouse 1 B.					
D.					
Married 2					
Spouse 2 B.					
D.					
Religion					
Occupation					
Military					
Residence					
Residence					

Children:

	Name	Date of Birth	Place of Birth	Death
1.				
2.				
3.				
4.				
5.				
6.				
7.				
8.				
9.				

Children continued:

	Name	Date of Birth	Place of Birth	Death
10.				
12.				
13.				
14.				
15.				
16.				
18.				
19.				
20.				

U.S. Federal Census

	State	County	Township	Notes
1790				
1800				
1810				
1820				
1830				
1840				
1850				
1860				
1870				
1880				
1890				
1900				
1910				
1920				
1930				
1940				

Notes/Source (Remember to number the note /source and link it to the above so you can find it faster.)

Cover Research Check List for(name)_____

- ☐ Birth:
  - o Family Mentioned Info
  - o Certificate
  - o Church Record
  - o Newspaper
  - o County Court Records
  - o Historical Society
  - o Cemetery Record
  - o Census Record
  - o Adoption
- ☐ Baptism
  - o Family Mentioned
  - o Certificate
  - o Church Record
  - o Newspaper
  - o County Court Records
  - o Historical Society
  - o Cemetery Record
- ☐ Marriage#_____
  - o Family Mentioned
  - o Certificate
  - o Church Record
  - o Newspaper
  - o County Court Records
  - o Historical Society
  - o Cemetery Record
  - o Census Record
  - o Children
- ☐ Divorce#_____
  - o Family Info
  - o Certificate
  - o Newspaper
  - o County Court Records
  - o Historical Society
  - o Census Record

- ☐ Military
  - o War
  - o Family Info
  - o Newspaper
  - o Historical Society
  - o Nation Archives
  - o Draft Registration
  - o Pension Record
- ☐ Census Records
  - o 1790
  - o 1800
  - o 1810
  - o 1820
  - o 1830
  - o 1840
  - o 1850
  - o 1860
  - o 1870
  - o 1880
  - o 1890
  - o 1900
  - o 1910
  - o 1920
  - o 1930
  - o 1940
  - o 1950
  - o 1960
- ☐ Death Record
  - o Family Mentioned
  - o Mortality Schedules
  - o Obituaries
  - o Funeral Home Records
  - o Cemetery Records
  - o Court Records
  - o Wills
  - o Probate Records
- ☐ Immigration
  - o Ship Lists/ Records
  - o Port of Departure
  - o Port of Entry
  - o Newspapers
  - o Castle Garden Records
  - o Ellis Island Records
  - o Records of Other Immigrant Landing Ports

- o Border crossing
- ☐ Naturalization
  - o Court Records
  - o Certificate of Citizenship
  - o Census Records
- ☐ Cemetery
- ☐ Church
- ☐ City Directories
- ☐ Education
- ☐ Family Stories
- ☐ Funeral Home

- ☐ Land Grants / Deeds
- ☐ Migration
- ☐ Newspapers
- ☐ Obituary
- ☐ Occupation
- ☐ Photos
- ☐ Tax List
- ☐ Voter Lists
- ☐ Will / Probate

Notes:

Ancestor's Name_____

Event	Month	Day	Year	Notes	Note#
Born					
Died					
Buried					
Father B.					
D.					
Mother B.					
D.					
Married 1					
Spouse 1 B.					
D.					
Married 2					
Spouse 2 B.					
D.					
Religion					
Occupation					
Military					
Residence					
Residence					

Children:

	Name	Date of Birth	Place of Birth	Death
1.				
2.				
3.				
4.				
5.				
6.				
7.				
8.				
9.				

Children continued:

	Name	Date of Birth	Place of Birth	Death
10.				
12.				
13.				
14.				
15.				
16.				
18.				
19.				
20.				

U.S. Federal Census

	State	County	Township	Notes
1790				
1800				
1810				
1820				
1830				
1840				
1850				
1860				
1870				
1880				
1890				
1900				
1910				
1920				
1930				
1940				

Notes/Source (Remember to number the note /source and link it to the above so you can find it faster.)

<u>Cover Research Check List for</u> (Name) _____

- ☐ Birth:
  - o Family Mentioned
  - o Certificate
  - o Church Record
  - o Newspaper
  - o County Court Records
  - o Historical Society
  - o Cemetery Record
  - o Census Record
  - o Adoption
- ☐ Baptism
  - o Family Mentioned
  - o Certificate
  - o Church Record
  - o Newspaper
  - o County Court Records
  - o Historical Society
  - o Cemetery Record
- ☐ Marriage#____
  - o Family Mentioned
  - o Certificate
  - o Church Record
  - o Newspaper
  - o County Court Records
  - o Historical Society
  - o Cemetery Record
  - o Census Record
  - o Children
- ☐ Divorce#____
  - o Family Info
  - o Certificate
  - o Newspaper
  - o County Court Records
  - o Historical Society
  - o Census Record

- ☐ Military
  - o War
  - o Family Info
  - o Newspaper
  - o Historical Society
  - o Nation Archives
  - o Draft Registration
  - o Pension Record
- ☐ Census Records
  - o 1790   o 1880
  - o 1800   o 1890
  - o 1810   o 1900
  - o 1820   o 1910
  - o 1830   o 1920
  - o 1840   o 1930
  - o 1850   o 1940
  - o 1860   o 1950
  - o 1870   o 1960
- ☐ Death Record
  - o Family Mentioned
  - o Mortality Schedules
  - o Obituaries
  - o Funeral Home Records
  - o Cemetery Records
  - o Court Records
  - o Wills
  - o Probate Records
- ☐ Immigration
  - o Ship Lists/ Records
  - o Port of Departure
  - o Port of Entry
  - o Newspapers
  - o Castle Garden Records
  - o Ellis Island Records
  - o Records of Other Immigrant Landing Ports

- o Border Crossing
- ☐ Naturalization
  - o Court Records
  - o Certificate of Citizenship
  - o Census Records
- ☐ Cemetery
- ☐ Church
- ☐ City Directories
- ☐ Education
- ☐ Family Stories
- ☐ Funeral Home

- ☐ Land Grants / Deeds
- ☐ Migration
- ☐ Newspapers
- ☐ Obituary
- ☐ Occupation
- ☐ Photos
- ☐ Tax List
- ☐ Voter Lists
- ☐ Will / Probate

Notes:

Ancestor's Name_____

Event	Month	Day	Year	Notes	Note #
Born					
Died					
Buried					
Father B.					
D.					
Mother B.					
D.					
Married 1					
Spouse 1 B.					
D.					
Married 2					
Spouse 2 B.					
D.					
Religion					
Occupation					
Military					
Residence					
Residence					

Children:

	Name	Date of Birth	Place of Birth	Death
1.				
2.				
3.				
4.				
5.				
6.				
7.				
8.				
9.				

Children continued:

	Name	Date of Birth	Place of Birth	Death
10.				
12.				
13.				
14.				
15.				
16.				
18.				
19.				
20.				

U.S. Federal Census

	State	County	Township	Notes
1790				
1800				
1810				
1820				
1830				
1840				
1850				
1860				
1870				
1880				
1890				
1900				
1910				
1920				
1930				
1940				

Notes/Source (Remember to number the note /source and link it to the above so you can find it faster.)

Cover Research Check List for (Name)_____

- ☐ Birth:
  - o Family Mentioned Info
  - o Certificate
  - o Church Record
  - o Newspaper
  - o County Court Records
  - o Historical Society
  - o Cemetery Record
  - o Census Record
  - o Adoption
- ☐ Baptism
  - o Family Mentioned
  - o Certificate
  - o Church Record
  - o Newspaper
  - o County Court Records
  - o Historical Society
  - o Cemetery Record
- ☐ Marriage#_____
  - o Family Mentioned
  - o Certificate
  - o Church Record
  - o Newspaper
  - o County Court Records
  - o Historical Society
  - o Cemetery Record
  - o Census Record
  - o Children
- ☐ Divorce#_____
  - o Family info Certificate
  - o Newspaper
  - o County Court Records
  - o Historical Society
  - o Census Record

- ☐ Military
  - o War
  - o Family Info
  - o Newspaper
  - o Historical Society
  - o Nation Archives
  - o Draft Registration
  - o Pension Record
- ☐ Census Records
  - o 1790   o 1880
  - o 1800   o 1890
  - o 1810   o 1900
  - o 1820   o 1910
  - o 1830   o 1920
  - o 1840   o 1930
  - o 1850   o 1940
  - o 1860   o 1950
  - o 1870   o 1960
- ☐ Death Record
  - o Family Mentioned
  - o Mortality Schedules
  - o Obituaries
  - o Funeral Home Records
  - o Cemetery Records
  - o Court Records
  - o Wills
  - o Probate Records
- ☐ Immigration
  - o Ship Lists/ Records
  - o Port of Departure
  - o Port of Entry
  - o Newspapers
  - o Castle Garden Records
  - o Ellis Island Records
  - o Records of Other Immigrant Landing Ports

- o   Border Crossing
- ☐ Naturalization
  - o   Court Records
  - o   Certificate of Citizenship
  - o   Census Records
- ☐ Cemetery
- ☐ Church
- ☐ City Directories
- ☐ Education
- ☐ Family Stories
- ☐ Funeral Home

- ☐ Land Grants / Deeds
- ☐ Migration
- ☐ Newspapers
- ☐ Obituary
- ☐ Occupation
- ☐ Photos
- ☐ Tax List
- ☐ Voter Lists
- ☐ Will / Probate

Notes:

Ancestor's Name_____

Event	Month	Day	Year	Notes	Note #
Born					
Died					
Buried					
Father B.					
D.					
Mother B.					
D.					
Married 1					
Spouse 1 B.					
D.					
Married 2					
Spouse 2 B.					
D.					
Religion					
Occupation					
Military					
Residence					
Residence					

Children:

	Name	Date of Birth	Place of Birth	Death
1.				
2.				
3.				
4.				
5.				
6.				
7.				
8.				
9.				

Children continued:

	Name	Date of Birth	Place of Birth	Death
10.				
12.				
13.				
14.				
15.				
16.				
18.				
19.				
20.				

U.S. Federal Census

	State	County	Township	Notes
1790				
1800				
1810				
1820				
1830				
1840				
1850				
1860				
1870				
1880				
1890				
1900				
1910				
1920				
1930				
1940				

Notes/Source (Remember to number the note /source and link it to the above so you can find it faster.)

Cover Research Check List for (Name) _____

- ☐ Birth:
  - o Family Mentioned Info
  - o Certificate
  - o Church Record
  - o Newspaper
  - o County Court Records
  - o Historical Society
  - o Cemetery Record
  - o Census Record
  - o Adoption
- ☐ Baptism
  - o Family Mentioned Info
  - o Certificate
  - o Church Record
  - o Newspaper
  - o County Court Records
  - o Historical Society
  - o Cemetery Record
- ☐ Marriage#____
  - o Family Mentioned Info
  - o Certificate
  - o Church Record
  - o Newspaper
  - o County Court Records
  - o Historical Society
  - o Cemetery Record
  - o Census Record
  - o Children
- ☐ Divorce#____
  - o Family info Certificate
  - o Newspaper
  - o County Court Records
  - o Historical Society
  - o Census Record

- ☐ Military
  - o War
  - o Family Info
  - o Newspaper
  - o Historical Society
  - o Nation Archives
  - o Draft Registration
  - o Pension Record
- ☐ Census Records
  - o 1790   o 1880
  - o 1800   o 1890
  - o 1810   o 1900
  - o 1820   o 1910
  - o 1830   o 1920
  - o 1840   o 1930
  - o 1850   o 1940
  - o 1860   o 1950
  - o 1870   o 1960
- ☐ Death Record
  - o Family Mentioned
  - o Mortality Schedules
  - o Obituaries
  - o Funeral Home Records
  - o Cemetery Records
  - o Court Records
  - o Wills
  - o Probate Records
- ☐ Immigration
  - o Ship Lists/ Records
  - o Port of Departure
  - o Port of Entry
  - o Newspapers
  - o Castle Garden Records
  - o Ellis Island Records
  - o Records of Other Immigrant Landing Ports

- o Border Crossing
- ☐ Naturalization
  - o Court Records
  - o Certificate of Citizenship
  - o Census Records
- ☐ Cemetery
- ☐ Church
- ☐ City Directories
- ☐ Education
- ☐ Family Stories
- ☐ Funeral Home

- ☐ Land Grants / Deeds
- ☐ Migration
- ☐ Newspapers
- ☐ Obituary
- ☐ Occupation
- ☐ Photos
- ☐ Tax List
- ☐ Voter Lists
- ☐ Will / Probate

Notes:

Ancestor'sName_____

Event	Month	Day	Year	Notes	Note #
Born					
Died					
Buried					
Father B.					
D.					
Mother B.					
D.					
Married 1					
Spouse 1 B.					
D.					
Married 2					
Spouse 2 B.					
D.					
Religion					
Occupation					
Military					
Residence					
Residence					

Children:

	Name	Date of Birth	Place of Birth	Death
1.				
2.				
3.				
4.				
5.				
6.				
7.				
8.				
9.				

Children continued:

	Name	Date of Birth	Place of Birth	Death
10.				
12.				
13.				
14.				
15.				
16.				
18.				
19.				
20.				

U.S. Federal Census

	State	County	Township	Notes
1790				
1800				
1810				
1820				
1830				
1840				
1850				
1860				
1870				
1880				
1890				
1900				
1910				
1920				
1930				
1940				

Notes/Source (Remember to number the note /source and link it to the above so you can find it faster.)

<u>Cover Research Check List for</u> (Name)_____

- ☐ Birth:
  - o Family Mentioned Info
  - o Certificate
  - o Church Record
  - o Newspaper
  - o County Court Records
  - o Historical Society
  - o Cemetery Record
  - o Census Record
  - o Adoption
- ☐ Baptism
  - o Family Mentioned Info
  - o Certificate
  - o Church Record
  - o Newspaper
  - o County Court Records
  - o Historical Society
  - o Cemetery Record
- ☐ Marriage#_____
  - o Family Mentioned Info
  - o Certificate
  - o Church Record
  - o Newspaper
  - o County Court Records
  - o Historical Society
  - o Cemetery Record
  - o Census Record
  - o Children
- ☐ Divorce#_____
  - o Family info Certificate
  - o Newspaper
  - o County Court Records
  - o Historical Society
  - o Census Record

- ☐ Military
  - o War
  - o Family Info
  - o Newspaper
  - o Historical Society
  - o Nation Archives
  - o Draft Registration
  - o Pension Record
- ☐ Census Records
  - o 1790   o 1880
  - o 1800   o 1890
  - o 1810   o 1900
  - o 1820   o 1910
  - o 1830   o 1920
  - o 1840   o 1930
  - o 1850   o 1940
  - o 1860   o 1950
  - o 1870   o 1960
- ☐ Death Record
  - o Family Mentioned
  - o Mortality Schedules
  - o Obituaries
  - o Funeral Home Records
  - o Cemetery Records
  - o Court Records
  - o Wills
  - o Probate Records
- ☐ Immigration
  - o Ship Lists/ Records
  - o Port of Departure
  - o Port of Entry
  - o Newspapers
  - o Castle Garden Records
  - o Ellis Island Records

- o Records of Other Immigrant Landing Ports
- o Border Crossing
- ☐ Naturalization
  - o Court Records
  - o Certificate of Citizenship
  - o Census Records
- ☐ Cemetery
- ☐ Church
- ☐ City Directories
- ☐ Education
- ☐ Family Stories About Ancestor

- ☐ Funeral Home
- ☐ Land Grants / Deeds
- ☐ Migration
- ☐ Newspapers
- ☐ Obituary
- ☐ Occupation
- ☐ Photos
- ☐ Tax List
- ☐ Voter Lists
- ☐ Will / Probate

Notes:

Ancestor's Name_____

Event	Month	Day	Year	Notes	Note #
Born					
Died					
Buried					
Father B.					
D.					
Mother B.					
D.					
Married 1					
Spouse 1 B.					
D.					
Married 2					
Spouse 2 B.					
D.					
Religion					
Occupation					
Military					
Residence					
Residence					

Children:

	Name	Date of Birth	Place of Birth	Death
1.				
2.				
3.				
4.				
5.				
6.				
7.				
8.				
9.				

Children continued:

	Name	Date of Birth	Place of birth	Death
10.				
12.				
13.				
14.				
15.				
16.				
18.				
19.				
20.				

U.S. Federal Census

	State	County	Township	Notes
1790				
1800				
1810				
1820				
1830				
1840				
1850				
1860				
1870				
1880				
1890				
1900				
1910				
1920				
1930				
1940				

Notes/Source (Remember to number the note /source and link it to the above so you can find it faster.)

Cover Research Check list for (Name)_____

- ☐ Birth:
  - o Family Mentioned Info
  - o Certificate
  - o Church Record
  - o Newspaper
  - o County Court Records
  - o Historical Society
  - o Cemetery Record
  - o Census Record
  - o Adoption
- ☐ Baptism
  - o Family Mentioned Info
  - o Certificate
  - o Church Record
  - o Newspaper
  - o County Court Records
  - o Historical Society
  - o Cemetery Record
- ☐ Marriage#____
  - o Family Mentioned Info
  - o Certificate
  - o Church record
  - o Newspaper
  - o County Court Records
  - o Historical Society
  - o Cemetery Record
  - o Census Record
  - o Children
- ☐ Divorce#____
  - o Family Info Certificate
  - o Newspaper
  - o County Court Records
  - o Historical Society
  - o Census Record

- ☐ Military
  - o War
  - o Family Info
  - o Newspaper
  - o Historical Society
  - o Nation Archives
  - o Draft Registration
  - o Pension Record
- ☐ Census Records
  - o 1790   o 1880
  - o 1800   o 1890
  - o 1810   o 1900
  - o 1820   o 1910
  - o 1830   o 1920
  - o 1840   o 1930
  - o 1850   o 1940
  - o 1860   o 1950
  - o 1870   o 1960
- ☐ Death Record
  - o Family Mentioned
  - o Mortality Schedules
  - o Obituaries
  - o Funeral Home Records
  - o Cemetery Records
- ☐ Court Records
  - o Wills
  - o Probate Records
- ☐ Immigration
  - o Ship Lists/ Records
  - o Port of Departure
  - o Port of Entry
  - o Newspapers
  - o Castle Garden Records
  - o Ellis Island Records
  - o Records of Other Immigrant Landing Ports

- o Border Crossing
- ☐ Naturalization
  - o Court Records
  - o Certificate of Citizenship
  - o Census records
- ☐ Cemetery
- ☐ Church
- ☐ City Directories
- ☐ Education
- ☐ Family Stories
- ☐ Funeral Home

- ☐ Land Grants / Deeds
- ☐ Migration
- ☐ Newspapers
- ☐ Obituary
- ☐ Occupation
- ☐ Photos
- ☐ Tax List
- ☐ Voter Lists
- ☐ Will / Probate

Notes:

Ancestor's Name_____

Event	Month	Day	Year	Notes	Note #
Born					
Died					
Buried					
Father B.					
D.					
Mother B.					
D.					
Married 1					
Spouse 1 B.					
D.					
Married 2					
Spouse 2 B.					
D.					
Religion					
Occupation					
Military					
Residence					
Residence					

Children:

	Name	Date of Birth	Place of Birth	Death
1.				
2.				
3.				
4.				
5.				
6.				
7.				
8.				
9.				

Children continued:

	Name	Date of Birth	Place of birth	Death
10.				
12.				
13.				
14.				
15.				
16.				
18.				
19.				
20.				

U.S. Federal Census

	State	County	Township	Notes
1790				
1800				
1810				
1820				
1830				
1840				
1850				
1860				
1870				
1880				
1890				
1900				
1910				
1920				
1930				
1940				

Notes/Source (Remember to number the note /source and link it to the above so you can find it faster.)

Notes:

Notes:

www.ingramcontent.com/pod-product-compliance
Lightning Source LLC
Chambersburg PA
CBHW080555290526
45790CB00006B/2659